ISBN 978-3-8212-3438-0

Basierend auf der Filmvorlage von
„Oh, wie schön ist Panama“

Verantwortlich für diese Ausgabe:
Xenos Verlagsgesellschaft mbH
Max-Brauer-Allee 34, 22765 Hamburg
Text: Miriam Ferdinand
Illustrationen: Martin Otevrel, GUD Studio
Reihengestaltung: Linde Conrad, Hamburg
Layout: wundergestalten, büro für grafik & design, München
Printed in Italy

Lesestufe 1

TIGER & BÄR

Die abenteuerliche Schiffsreise

„Komm schnell her!“
Der kleine Tiger ruft den kleinen Bären.
Er hat am Fluss ein altes Schiff
entdeckt und zeigt es seinem Freund.
„Oh!“, staunt der kleine Bär.
„Und jetzt machen wir eine wunderbare
Schiffsfahrt“, sagt der kleine Tiger.
„Ich bin der Kapitän,
und du bist der Matrose!“

Tuut! Tuut! Gemeinsam werfen die beiden Freunde den Motor an, und los geht die Fahrt.
„Achtung!“, ruft der kleine Bär.

Der kleine Tiger reißt das Steuerrad herum.
Fast wäre ihr kleines Schiff mit einem
riesigen Ozeandampfer
zusammengestoßen!

Der Fluss mündet ins Meer, und bald sehen der Tiger und der Bär nur noch blauen Himmel und blaues Wasser.
„Wie groß die Welt ist!“, staunt der Tiger.
„Wohin fahren wir eigentlich?“, will der Bär von ihm wissen.

Der Tiger schwärmt: „Ins Land unserer Träume. Dort scheint den ganzen Tag die Sonne. Und überall wachsen leckere Bananen!“

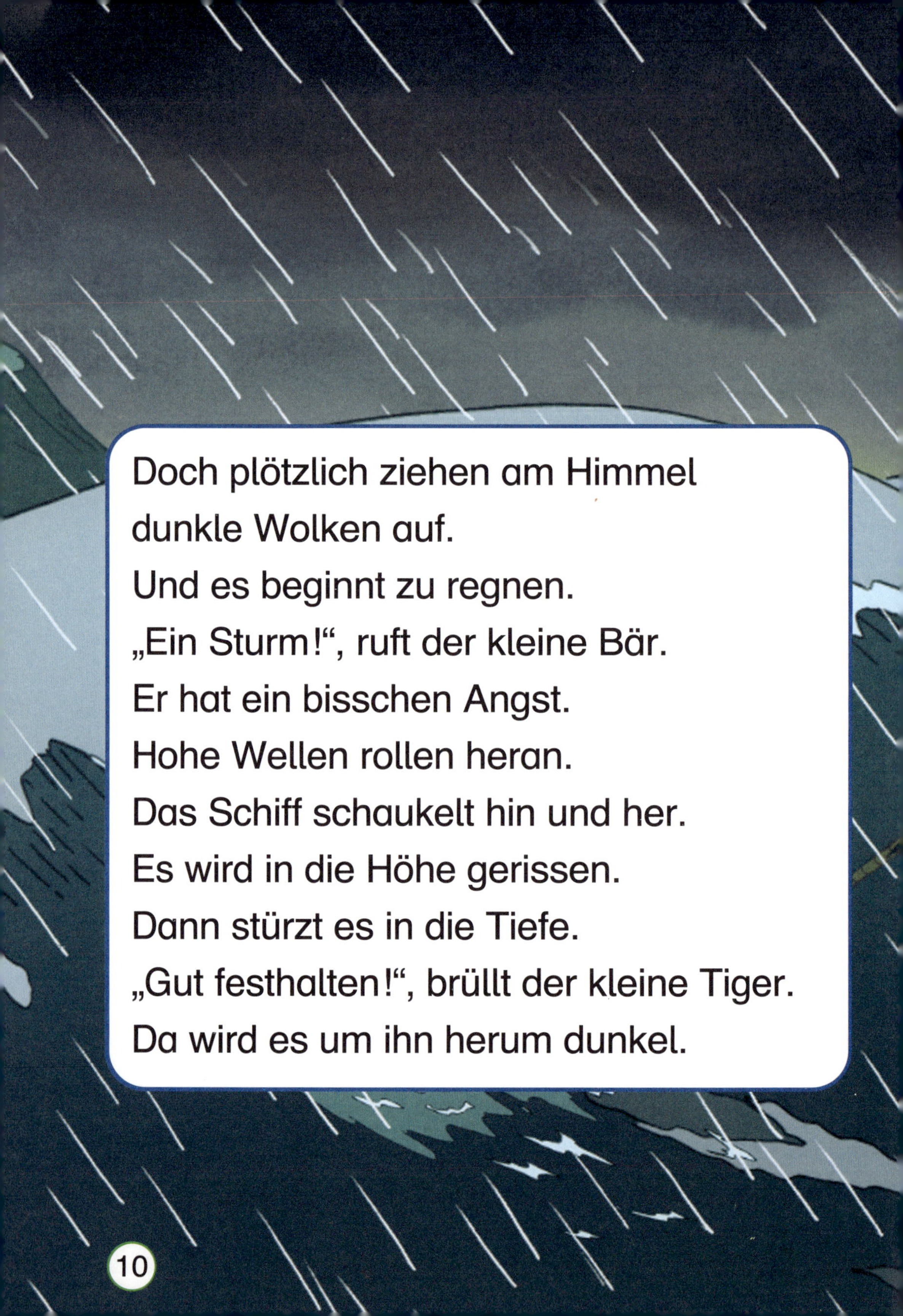

Doch plötzlich ziehen am Himmel dunkle Wolken auf.
Und es beginnt zu regnen.
„Ein Sturm!“, ruft der kleine Bär.
Er hat ein bisschen Angst.
Hohe Wellen rollen heran.
Das Schiff schaukelt hin und her.
Es wird in die Höhe gerissen.
Dann stürzt es in die Tiefe.
„Gut festhalten!“, brüllt der kleine Tiger.
Da wird es um ihn herum dunkel.

Als er wieder aufwacht, scheint die Sonne
dem kleinen Tiger warm auf den Pelz.
Er sieht sich verwirrt um.
Hier sieht alles fremd aus:
überall Sand und Palmen!

„Bär?“, ruft der kleine Tiger.
Doch er entdeckt nur seine Tigerente.
Vom kleinen Bären keine Spur.

Der kleine Tiger macht sich auf die Suche nach seinem Freund.
Er stapft durch den Sand, bis er zu einem dichten Wald kommt.

Dort gibt es viele duftende Blumen,
schillernde Schmetterlinge und bunte Vögel.
„Ist das schön hier!“,
staunt der kleine Tiger.

Endlich findet der kleine Tiger
den kleinen Bären.
Sein Freund steht unter einer Palme.
Er ist ganz aufgeregt.

„Sieh mal, Tiger!“, ruft er.
„Bananen!
Alles voller Bananen!“
„Das muss das Land unserer Träume
sein!“, jubelt der kleine Tiger.

„Hier wollen wir bleiben!“, sagt der Tiger.
„Dann brauchen wir aber ein Haus!“, meint der Bär.
Im Wald liegen viele Bambusrohre, große und kleine.

Daraus bauen sich die beiden
am Strand eine Hütte.
Oben auf das Dach binden sie Palmblätter.
„Falls es doch mal regnet“, sagt der Tiger.
„Genau!“, brummt der kleine Bär.

Später sitzt der kleine Tiger
an ihrem neuen Tisch.
„Ich habe einen Bärenhunger!“, ruft er.
„Was gibt es heute zu essen?“
Der Bär kommt mit einem großen
Teller aus der Hütte.
„Bitte schön, der Herr“, sagt er,
„Bananen mit Schale, in Scheiben
und als Ragout!“
Der Tiger schmatzt zufrieden:
„Mmh! Köstlich!“
Doch nach ein paar Tagen hat
der kleine Tiger genug von Bananen.
„Du, Bär“, sagt er.
„Hast du nicht auch mal wieder Lust
auf Pilze? In Butter geschmort?
Mit Petersilie und Salz?“

Am Abend schauen sich die Freunde den Sonnenuntergang an.
„Weißt du was, Bär“, sagt der Tiger, „morgen gehe ich auf die Jagd und fange uns ein paar dicke Pilze!“

Schnüffelnd pirscht der kleine Tiger
durch den Wald.
Er entdeckt ein paar dicke Pilze,
springt los und fängt einen.
Doch was ist das?
Die Pilze hüpfen davon –
es sind kleine Tiere!

Mit leerem Korb kehrt der Tiger zur Hütte zurück.
„Wir können unmöglich hier bleiben!“, sagt er zum kleinen Bären.
„Wo es keine Pilze gibt, kann nicht unser Traumland sein!“

„Aber wie sollen wir wieder nach
Hause kommen?“, fragt der kleine Bär.
„Unser Schiff ist ja kaputt.“
„Ich will aber nach Hause“,
jammert der kleine Tiger.
Da wird der kleine Bär ärgerlich.

„Du wolltest doch unbedingt eine Schiffsfahrt machen“, sagt er. „Und du sitzt am liebsten den lieben langen Tag in der Sonne. Du bist langweilig“, erwidert der Tiger und stapft wütend davon.

„Du, Bär?“, fragt der kleine Tiger.
Draußen ist es schon dunkel,
und der kleine Bär liegt im Bett.
„Hmm?“, macht er und blinzelt
mit einem Auge.
Der kleine Tiger ist ein bisschen verlegen.
„Ich finde Streiten blöd.
Wollen wir nicht damit aufhören?“, fragt
er. „Ja, gern!“, sagt der kleine Bär.
Da hüpft der kleine Tiger zu
seinem Freund ins Bett.
Er kuschelt sich ganz fest an ihn.

„Los, komm, Bär!“, ruft der kleine Tiger.
„Oben auf der Palme können wir
ganz weit gucken.
Vielleicht entdecken wir ein Schiff,
das uns mit nach Hause nimmt!“
Der kleine Bär klettert drei Sprossen
der Leiter hinauf.
Dann bleibt er stehen
und sieht nach unten.
„Oh, oh!“, sagt er. „Das ist aber ziemlich
hoch, Tiger!“

Endlich ist auch der kleine Bär
oben auf der Palme angekommen.
Der kleine Tiger sucht mit einem
Fernrohr das Meer ab.
„Siehst du ein Schiff?“, fragt ihn
der Bär außer Atem.

„Waah!“, schreit da der Tiger und lässt erschrocken das Fernrohr fallen.
Ein riesiger Vogel fliegt direkt auf sie zu und landet neben ihnen auf der Palme.
„Hallo Tiger, hallo Bär!“, krächzt er freundlich.
„Ich habe gehört, ihr wollt nach Hause?“

„Ja!“, ruft der kleine Tiger.
„Ich möchte Pilze und Kartoffeln essen.“
„Und ich möchte mit unserem Boot auf dem Fluss angeln gehen“, sagt der kleine Bär.
„Na gut“, meint der Vogel. „Dann klettert auf meinen Rücken. Ich nehme euch mit!“

Nach einer Weile sagt der kleine Tiger:
„Wir haben eine weite Reise gemacht.
Und jetzt wissen wir, wo unser Traumland
wirklich liegt.“
„Genau, es liegt zu Hause!“, brummt der
Bär zufrieden.

Auf den nächsten Seiten wollen Tiger und Bär und ihre Freunde noch ein bisschen lesen üben. Machst du mit? Toll. Dann schnapp dir einen Bleistift. Und los geht's. Viel Spaß!

Die Lösungen findest du auf Seite 48.

1. Wer ist auf diesem Bild zu sehen?
Kreuze die richtige Antwort an.

- [ ] Die Tigerente.
- [ ] Der kleine Bär.
- [ ] Der Tigerfisch.
- [x] Der kleine Tiger.

2. Was hat der kleine Tiger entdeckt?
Kreuze den richtigen Satz an.

- [ ] Er hat einen Pilz entdeckt.
- [x] Er hat einen Fluss entdeckt.
- [ ] Er hat ein altes Schiff entdeckt.
- [x] Er hat eine Banane entdeckt.

3. Welcher Satz stimmt? Kreuze ihn an.

- [ ] Das kleine Schiff fährt hinter einem großen Schiff.
- [x] Das kleine Schiff fährt neben einem großen Schiff.
- [ ] Das kleine Schiff fährt vor einem großen Schiff.
- [ ] Das kleine Schiff fährt unter einem großen Schiff.

4. Was machen der Tiger und der Bär? Kreuze den richtigen Satz an.

- [ ] Tiger und Bär liegen im Bett.
- [x] Tiger und Bär stehen auf dem Schiff.
- [ ] Tiger und Bär laufen über eine Wiese.

5. Was ist auf dem Bild zu sehen? Schreibe das Wort in die Zeile.

6. Was hält der kleine Bär auf diesem Bild fest? Kreuze die richtige Antwort an.

- [x] Seinen Hut.
- [ ] Seinen Regenschirm.
- [ ] Seine Angel.
- [ ] Seinen Spazierstock.

7. Was ist nicht auf dem Bild zu sehen? Kreuze das richtige Wort an.

- [ ] Palmen
- [ ] Sand
- [ ] Meer
- [x] Blumen

8. Welcher Satz stimmt? Kreuze ihn an!

- [ ] Der kleine Tiger tanzt vor Freude.
- [ ] Der kleine Tiger sitzt im Kochtopf.
- [ ] Der kleine Tiger schwimmt im Meer.
- [x] Der kleine Tiger trägt einen Kochtopf.

9. Was für schöne Flattertiere, denkt sich der kleine Tiger. Weißt du, wie sie heißen? Schreibe das Wort in die Zeile.

10. Was macht der Frosch? Bitte schreibe die Antwort als ganzen Satz in die Zeilen.

11. Welche Sätze sind richtig? Kreuze sie an.

- [x] Die Tigerente liegt im Sand.
- [ ] Die Tigerente hat rote Streifen.
- [ ] Die Tigerente rollt über den Strand.
- [x] Die Tigerente hat sieben Haare.

12. Bitte ergänze das richtige Wort!

Der kleine Bär zieht viele

____

aus den Büschen heraus.

13. Welche Sätze stimmen nicht? Kreuze sie an.

- [x] Der Bär bringt eine Platte mit Pilzen.
- [ ] Der Tiger isst mit zwei Gabeln.
- [x] Der Bär trägt eine Kochmütze.
- [x] Der Tiger isst mit Messer und Gabel.

14. Fällt dir noch etwas über Bananen ein? Dann schreibe das Wort oder die Wörter in die leeren Zeilen.

- [ ] Bananen sind lecker.
- [ ] Bananen sind gesund.
- [ ] Bananen sind

15. Was machen der Tiger und der Bär?
Kreuze die richtigen Sätze an.

- [ ] Sie sitzen vor ihrer Hütte.
- [x] Sie sehen sich den Sonnenuntergang an.
- [ ] Sie spielen mit einem Ball.
- [ ] Sie streiten sich.

16. Der kleine Tiger träumt von einem Essen mit Petersilie und Salz. Was braucht er für dieses Essen unbedingt? Schreibe das Wort in die leere Zeile.

17. Wer sieht dem kleinen Tiger beim Jagen zu? Kreuze die richtige Antwort an.

- [ ] Ein großer Vogel.
- [x] Die Tigerente.
- [ ] Ein Schmetterling.
- [ ] Der kleine Bär.

18. Wer sitzt auf dem Bett? Schreibe die Antwort als ganzen Satz in die leeren Zeilen.

19. Der Vogel möchte Tiger und Bär gern mitnehmen. Wo wollen die beiden hin?

- [ ] Sie wollen nach Afrika.
- [ ] Sie wollen auf eine Insel.
- [ ] Sie wollen nach Hause.
- [ ] Sie wollen in einen Wald.

20. Wo bist du am liebsten? Schreibe es für Tiger und Bär in die leere Zeile.